SEMAINE RELIGIEUSE DE VERDUN

*Numéro supplémentaire du Mercredi 31 Janvier 1894*

# MANUEL

## DU

# FABRICIEN

VERDUN

IMPRIMERIE CHARLES LAURENT ÉDITEUR

12 ET 14, QUAI DE LA RÉPUBLIQUE

—

1894

# MANUE[L]

DU

# FABRICIEN

## CHAPITRE PREMIER

### Organisation de la Fabrique, Renouvellements

1. La Fabrique compte *onze* conseillers pour plus de 5.000 âmes ; autrement *sept*—tous catholiques, notables, domiciliés sur la paroisse.

Deux conseillers *de droit*, suppléables : *Curé*, par vicaire ; *Maire*, par adjoint et conseiller. Un municipal non catholique n'est pas admis.

2. *Constitution* : l'Evêque nomme *cinq*, ou *trois* électifs ; le Préfet, *quatre*, ou *deux*. — *Renouvellement* à Quasimodo : après la 3e année, le sort désigne *cinq*, ou *trois* sortants ; les autres sortiront après la 6e. *Le Conseil* élit les mêmes, ou d'autres, pour *six ans*. — *Décès*, *démission* : le Conseil remplace dans les 30 jours ; sinon, c'est l'Evêque. — S'il y a révocation, sur demande de l'Evêque et avis du Préfet, il faut *Reconstitution*.

3. Constitué, le Conseil nomme, *pour jusqu'à Quasimodo*, son Président (ni Curé, ni Maire) et son Secrétaire, rééligibles *de Quasimodo à Quasimodo*. Le Curé, à droite ; le Maire, à gauche du Président.

Le Président convoque (aussi le Curé), dirige les délibérations, a voix prépondérante. — Le Secrétaire rédige, fait signer, répond du Registre.

4. *Sessions ordinaires*, annoncées au prône 8 jours avant : 1er Dim. janvier, juillet, octobre, et Quasimodo qui comporte *plusieurs réunions*. — *Extraordinaires*, sur autorisation de l'Evêque ou du Préfet. Lieu de réunion : presbytère, église ou lieu attenant ; le Président choisit. Il faut, pour délibérer, la présence de la majorité.

5. *Bureau des Marguilliers* : quatre membres ; Maire exclu. Curé *de droit*, suppléable par vicaire ; trois élus *dans et par* le Conseil, rééligibles.

*Incompatibilités* : dans le Conseil, *point* ; dans le Bureau, pour parents ou alliés, jusqu'au degré d'oncle et neveu.

A Quasimodo, réélection d'un membre : le sort a désigné les deux premiers sortants. Le Conseil pourvoit aux vacances; à son défaut, l'Evêque.

Dans le Bureau, *comme dans le Conseil*, le remplaçant tient le temps du remplacé.

6. Constitué, le Bureau nomme, *pour jusqu'à Quasimodo*, Président et Trésorier (Curé exclu), et Secrétaire, rééligibles. *Président et Secrétaire* peuvent être ceux du Conseil.

Séances : un dimanche par mois, et quand le Président convoque d'office ou sur demande du Curé. Il faut trois membres pour délibérer. Voix prépondérante du Président. — Délibérations sur un Registre spécial.

## CHAPITRE II

### Attributions

7. Le Conseil délibère sur :

Le Budget ; — les Comptes de l'Ordonnateur et du Comptable ; — l'acceptation des dons, legs, fondations : —l'emploi des fonds *en reste* sur le montant des donations et legs ; — le remploi des capitaux remboursés ; — la tarification, mise en ferme ou régie des bancs et chaises ; — la concession de bancs ou de places ; — les dépenses extraordinaires dépassant *cinquante fr.* dans les paroisses au-dessous de mille âmes ; *cent fr.* dans les autres ; — les procès, transactions, aliénations, échanges, baux, emprunts, constitution et levée d'hypothèques.

L'approbation supérieure est souvent requise.

Le Conseil nomme le *Receveur spécial*; il reçoit le serment, soit de ce Receveur, soit du Trésorier-marguillier :

*Je jure de gérer avec fidélité les deniers de la fabrique de. . . . et de me conformer aux lois, ordonnances et décrets qui ont pour objet d'assurer leur inviolabilité et leur application régulière aux dépenses de ladite fabrique.*

8. Le Bureau, pouvoir *exécutif* et *administratif*, a des attributions *dépendantes* et des attributions *propres*.

*Dépendantes*, à l'égard du Conseil :

Il prépare, propose, et exécute, dans la limite des crédits votés, les décisions du Conseil ; — dresse le Budget ; — vérifie les comptes de *l'Ordonnateur* et du *Comptable*; propose le tarif des bancs et chaises, la concession de bancs et places ; — signale les réparations et besoins, y pourvoit après décision; présente l'état de l'église, du presbytère et des immeubles, qu'il visite fin mars et fin septembre ; — passe marchés ; fait achats, ventes, locations, échanges ; — afferme ou *régit* maisons, biens, bancs et chaises ; — intente actions judiciaires, ou y défend.

9. *Propres*, sous simple contrôle du Conseil :

Engage dépenses de 50 ou 100 fr. (7) * ; pourvoit *par économie* aux réparations n'excédant pas ces sommes ; — surveille et constate l'exécution des fondations ; — nomme prédicateurs, et même, *dans les villes*, serviteurs de l'église ; — propose à l'Evêque réglement pour quêtes, nombre de vicaires, prêtres auxiliaires... ; — permet, *sur récepissé mis à la place*, extraction d'argent, titres et pièces ; — détermine les dépenses de chaque trimestre, et remet l'argent au comptable (*Nota*) ; — examine et signe l'état trimestriel des recettes et dépenses ; — vérifie, au moins en fin d'année, la situation de portefeuille et de caisse ; — fait le recolement annuel du mobilier, des titres et papiers.

*Nota.* Le Receveur *non fabricien* tient la caisse *absolument*, sous sa responsabilité.

10. *Réserves de pouvoir :*

Il faut, *si le comptable est fabricien*, armoire à trois serrures, placée au lieu des séances du Conseil, pour finances, clefs des troncs, compte de gestion ; — il faut armoire ou caisse *à une clef*, pour titres et papiers, documents sur affaires et revenus.

Il faut *adjudication*, après trois affiches *de huitaine*, pour travaux dépassant 50 ou 100 fr. (7), et pour *affermage* de bancs et chaises.

On afferme, régit, administre maisons et biens, comme fait la commune.

Il faut *autorisation* pour emploi des deniers libres de donations, legs, remboursements, prix de vente, soultes d'échange, revenus excédant l'acquit des charges.

Voir *placement en compte courant.*

11. *Le Président du Bureau :*

Convoque, dirige délibérations ; est *Ordonnateur* (comme le Maire) ; — liquide les dépenses, délivre mandats, en tient Registre, répondant de leur sincérité ; — signe marchés, inventaire, recolements ; — tient une des trois serrures (10) ; — certifie et signe Registre sommier ; — cote et parafe journaux du comptable ; — approuve état de répartition des droits casuels, état des quêtes, oblations ; location des bancs et chaises ; — rend compte *d'administration ou d'exercice.*

12. *Le Secrétaire du Bureau :*

Ecrit et fait signer délibérations ; — rédige sommier, chaque pièce certifiée et signée par Président et Curé ; — rédige et signe, *comme Marguillier*, procès-verbal de la levée des troncs.

13. *Le Trésorier administrateur économe :*

Fait les commandes, en vérifie l'exécution ; — veille à l'exécution des réparations ; — accepte les dons et legs autorisés ; — est agent judiciaire au nom du Bureau ; — peut être *régisseur-payeur* des dépenses de la célébration du culte, au moyen d'avances mises

* Les chiffres ainsi placés en're parenthèses renvoient au numéro correspondant du présent *Manuel.*

à sa disposition ; — administre la mense curiale au décès du curé.

14. *Le Trésorier comptable* (fonctions gratuites, pas de cautionnement) :

A prêté serment (7) et garde les droits fabriciens ; — inscrit à jour recettes et dépenses ; — dépose dans l'armoire à trois serrures (il en tient une) les recettes *excédant* la somme déterminée pour le trimestre (9) ; — contrôle la régularité et la légalité des titres de payement ; — rend compte trimestriel et annuel ; — est soumis au contrôle de l'Ordinaire.

15. *Le Receveur spécial*, fonctionnaire rétribué :

N'est pas fabricien, — *profession n'importe pas* ; — peut être prêtre, vicaire,.. et gérer pour autres fabriques du canton ; — est nommé par le conseil, qui reçoit son *serment* (7) et peut le remplacer *en fin de gestion* ; — détient en sa caisse tous fonds et valeurs de la fabrique, sauf ce qu'il remet au trésorier *régisseur-payeur*, et ce qu'il doit placer en *compte-courant* ; — fait fonction de trésorier-comptable, mais *non administrateur* ; — assiste à la levée des troncs (qui doivent avoir deux serrures) ; — n'est pas soumis au contrôle de l'Ordinaire.

Il fournit *cautionnement* calculé à raison de trois fois la moyenne des remises, moyenne résultant des trois derniers comptes de gestion *. Ce cautionnement est en sommes rondes : 100, 200, 300...; les fractions de 50 s'élèvent à 100 ; les fractions moindres sont négligées, mais pas de cautionnement inférieur à 100 francs. — Le numéraire se verse au préposé d'arrondissement (Receveur des finances ou percepteur) de la Caisse des dépôts et consignations, — ou bien, avec autorisation du Préfet, à la caisse des Monts-de-piété. — Les inscriptions *nominatives directes* sont remises au chef de la division du contentieux des finances ; et l'acte de cautionnement, *en double*, est dressé sur papier timbré. — C'est le Directeur de l'Enregistrement qui reçoit et agit pour les inscriptions *nominatives départementales*.

16. *Le Curé*, membre du Conseil et du Bureau :

Peut être secrétaire des deux ; — présente état des dépenses intérieures ; — signe inventaire et recolements, en garde le double ; — signe au registre sommier ; — tient une des trois serrures (10) ; — reçoit du notaire information des libéralités (idem du Préfet) ; — nomme et révoque, dans les villages, les serviteurs de l'église ; — agrée les prêtres habitués, assigne leurs fonctions ; — présente les prédicateurs ; — fait sonner selon les règlements ; — consent pla-

---

* Les remises sont de 4 0/0 sur les premiers 5.000 fr. de recettes ordinaires et extraordinaires ; de 3 0/0 sur les 25.000 fr. suivants ; de 1.50 0/0 sur les 70.000 suivants... (V. Décrets 1893, art. 14). — Provisoirement, le total approuvé des recettes prévues pour 1894 déterminera les remises.

cement des bancs et chaises ; — rend compte de l'exécution des fondations.

Par lui-même, ou par un prêtre de son choix, il peut être *régisseur des recettes*, pour quêtes et casuel de tous.

## CHAPITRE III

### Régime financier

17. La Fabrique *insuffisante* recourt à la commune pour : Indemnité de logement *du curé* ; — grosses réparations d'église, sacristie et presbytère. — En autres cas, tout dépend de la bienveillance de la commune.

*Le Conseil municipal* : Voit, session de mai, budgets et comptes, et donne son avis à la Préfecture ; — pas de pièces justificatives, si la Fabrique ne demande rien *. — Donne avis sur : Acceptation des dons et legs ; — autorisation d'acquérir, aliéner, échanger, emprunter, transiger, plaider.

18. *L'Ordonnateur*, président du Bureau, rend compte *d'exercice*, c'est-à-dire des droits *actifs* ou *passifs*, de ce qui était à *percevoir* ou *payer*, d'après les budgets, du 1er janvier au 31 décembre de l'année ; — et rappelle ce qui reste soit à *recouvrer*, soit à *payer*. — Il peut mandater jusqu'au 1er mars : ainsi *l'exercice* comprend 2 mois supplémentaires.

19. *Le Comptable*, outre le compte trimestriel, rend le *compte de gestion*, c'est-à-dire des *recouvrements* et *payements* faits dans la gestion, pour *revenus*, ou *dettes*, soit de *l'année*, soit *d'avant*, — distinguant, les droits, *actifs* ou *passifs*, selon l'année ; — *l'exercice courant hérite des précédents*.

Le comptable peut payer jusqu'au 15 mars les mandats émis jusqu'au 1er. — Les articles 20 et 21 de l'instruction ministérielle (15 décembre 1893) disent ses droits de poursuite ; les articles 27 et suivants règlent les refus de payement.

20. Le comptable relève :

1° *Du Juge des comptes*, c'est-à-dire du Conseil de Préfecture (sauf appel à la Cour des Comptes), quand les recettes *ordinaires*, calculées d'après les trois dernières années (V. Note du n° 15), n'excèdent pas 30.000 fr. ; — de la Cour des Comptes (sans appel), pour les revenus supérieurs.

2° *De l'Inspecteur des finances*, qui voit : la régularité des écritures ; — la rentrée des revenus fixes ; — la mise en recette des quêtes et du casuel ; — la mise en caisse *effective* du boni.

Ces juges n'ont rien à voir dans les actes du Conseil, de l'Ordonnateur, des Administrateurs fabriciens, qui relèvent de l'Evêque.

* Le comptable ne se dessaisit pas ; il peut *faire voir* les pièces justificatives.

## CHAPITRE IV
# Budgets

**21.** Les *Budgets* sont la prévision des *recettes* et des *dépenses*. Le Bureau les prépare ; le Conseil les vote, à la session de Quasimodo, après l'approbation des comptes, et les élections faites. Ils ne sont exécutoires qu'après l'approbation épiscopale.

On distingue le Budget *primitif* et le Budget *supplémentaire*.

Règle à retenir, *pour les recettes* : On les inscrit au complet *(en brut), telles qu'elles sont à percevoir*, les déductions ne figurant qu'aux dépenses.

### SECTION 1<sup>re</sup>. BUDGET PRIMITIF

**22.** Le Budget *primitif* se vote à Quasimodo d'une année, pour l'année (ou *exercice*) suivante. Il se divise en budget *ordinaire* et budget *extraordinaire*.

L'art. 18 du décret de mars 1893 semblait donner comme principe absolu que le Budget *ordinaire* comprend les *revenus* ; le Budget *extraordinaire*, les *capitaux*.

La circulaire ministérielle aux Evêques (15 décembre 1893) est plus large : « Il serait inadmissible que les Fabriques ne pussent, comme par le passé, recourir à l'excédent de leurs recettes extraordinaires pour faire face, en cas de besoin, à des dépenses ordinaires, et *vice versa*. »

Notons aussi que le nombre des articles portés aux formules officielles « n'a aucun caractère limitatif. » Le Conseil vote « toutes additions utiles », et l'approbation épiscopale fait loi.

### § 1<sup>er</sup>. Budget ordinaire *
Recettes.

**23.** 1°, 2°, pas d'observations ; — 3°, 4°, c'est de l'histoire ; — 5°, pas d'observations.

6°. Produit des rentes, *avec ou sans fondations, régulièrement acquises*. (Placement en titres nominatifs, sur l'Etat).

7°. Produit *total*. (comme s'il n'y avait pas de non valeurs ; le compte les révèle).

8°. Produit (en revenu) de la concession (permanente) des bancs...

9°. Produit des quêtes faites *pour les frais du culte* ; — 10° des troncs *pour le même objet*. Les autres quêtes et troncs ne concernent pas la Fabrique.

11°. Produit... — Offrande pain bénit, cierges... Voir l'*intention et l'usage*.

12°. Part... suivant tarif. Ne pas excéder.

13°... Monopole... suivant usage ou approbation.

14°... Cire... moitié des cierges d'enterrement, tout des services... *sauf coutume*.

---

* Notez l'entête de la 3<sup>e</sup> colonne.

15°. Intérêts... *Compte courant*.

16°. Autres recettes... Sonnerie de choix, *allocation régulière* de la commune,... (énumérer).

### Dépenses.

24. 1°... Formule améliorée ; ne parle pas des saintes huiles.

2°. Idem.

3°, 4°, 5°, 6°, pas d'observation.

7°. Logement *du curé* — loyer ou indemnité.

8°, 9°.

10°... Registres, correspondance, avertissements, timbres... (saintes huiles).

11°. Traitement du comptable *non fabricien* — à l'amiable, ou remises.

12°. Sixième (ou moins) — à Verdun, *néant*.

13°.

14°... Au maximum, le dixième des recettes ordinaires.

15°, 16° et plus si besoin.

### § 2°. Budget extraordinaire

#### Recettes.

25. 1°, 2°, 3°, 4°, 5°.

6°. Subvention (extraordinaire) de la commune.

7° ... Emprunts, souscriptions, coupes extraordinaires, concession de bancs *au prix d'un capital*.

26. *Observations importantes* :

1° La Fabrique peut recevoir les libéralités faites *en vue de sa mission spéciale*, avec *approbation gouvernementale*, sur avis *municipal et épiscopal*.

2° Nulle, toute donation où le donateur se réserve usufruit.

3° Sauf pour établissement ou agrandissement de l'église ou du presbytère, tout immeuble donné ou légué se convertit, après vente, en rentes *nominatives* sur l'Etat.

4° Même règle pour les meubles *incorporels* : la Fabrique n'acquiert plus de *valeurs mobilières* qu'en rentes *nominatives*. Donateur et testateur peuvent décider l'affectation des meubles *corporels*, argent ou objets.

5° Les capitaux remboursés se placent de même, sauf autorisation du chef de l'Etat.

6° Autorisation requise pour emploi de capitaux, emprunts, souscriptions, aliénations, coupes extraordinaires.

7° Les fonds libres *attendant une affectation* sont déposés en *compte courant* ; les autres sont placés en rentes *nominatives*.

8° Quand les charges d'une donation équivalent aux avantages, on recourt *avec profit* à l'acte *à titre onéreux* ; mais l'approbation reste requise.

Dépenses.

27. 1° Grosses réparations... L'autorisation est requise.

2°, 3°, 4°.

5°. Placement de capitaux sur l'Etat. Autorisation requise.

6° etc.

Récapitulation du Budget extraordinaire.

Récapitulation générale (des deux Budgets).

Balance.

Vu et arrêté par le Conseil.

L'Evêque arrête,.. ses chiffres sont à la 6e colonne, *et font loi.*

SECTION 2e. BUDGET SUPPLÉMENTAIRE, OU CHAPITRES ADDITIONNELS

28. Le Budget supplémentaire, présenté par le Bureau, se vote (par le Conseil) à Quasimodo, *pour le reste de l'année courante*, et *avant le Budget primitif* de l'année suivante.

C'est le complément du Budget en cours d'exécution. Il est soumis à l'avis du Conseil municipal, et réclame l'approbation de l'Evêque.

Suivant la formule officielle, nous l'appliquons au Budget supplémentaire de 1894.

## Titre I. Recettes

29. § 1er. Excédent de recettes de l'exercice 1893.

Pour les § suivants, faire l'énumération.

Budget ordinaire

§ 2. Recettes à recouvrer (de 1893.)

§ 3.　　》　　non prévues au Budget primitif (pour 1894.)

Budget extraordinaire

§ 4. Restes (extraordinaires) à recouvrer (de 1893).

§ 5. Recettes (extraordinaires) non prévues au Budget primitif (pour 1894).

## Titre II. Dépenses

30.　　　　Budget ordinaire.

§ 1er. Restes à payer à la clôture de l'exercice (1893).

§ 2. Dépenses non prévues au Budget primitif (pour 1894).

Budget extraordinaire.

§ 3. Restes (extraordinaires) à payer à la clôture de l'exercice (1893).

§ 4. Dépenses (extraordinaires) non prévues au Budget primitif (pour 1894).

Récapitulation

Présenté par....... Bureau　　　Approuvé par..... Conseil.

Le.....　　　　　　　　　　Le.....

L'Evêque...　　　　　　arrête...

31. *Nota.* L'Evêque peut modifier les Budgets, et inscrire d'office

les fonds *exigibles*, pour dépense nécessaire, ou pour *dette contractée*. Si, dans ce dernier cas, il négligeait d'inscrire, le créancier n'aurait recours que près du ministre, les deniers fabriciens étant *insaisissables*.

## CHAPITRE V

### Comptes

32. A Quasimodo 1895, il y aura, *selon des formules officielles* et *se contrôlant l'un par l'autre* : 1° Le compte d'*administration* ou d'*exercice*, rendu par l'*ordonnateur*, Président du Bureau ; 2° Le Compte de *gestion*, rendu par le *comptable*.

Vérifiés par le Bureau, réglés par le Conseil, soumis au Conseil municipal et à l'approbation de l'Evêque, ils iront au *Juge* des comptes *avant le 1er juillet* (instruction n° 39) : le compte d'*exercice*, comme moyen de contrôle ; le compte de *gestion*, pour être *jugé et apuré*.

Chacun d'eux devra reproduire textuellement les articles du Budget primitif ou supplémentaire, et *des autorisations spéciales*.

33. Ces *autorisations* portent sur des recettes, ou des dépenses non prévues par les Budgets. Il a fallu délibération de la Fabrique, avis du Conseil municipal, autorisation supérieure.

S'il s'agit de dépenses urgentes auxquelles la Fabrique peut subvenir, après l'avis du Conseil municipal, l'Evêque décide.

Art. 1er Compte d'administration (pour 1894).

34. Ce compte s'impose à l'ordonnateur dès le 16 mars (1895). Il constate les droits *acquis*, actifs ou passifs, c'est-à-dire les recettes et dépenses figurant aux Budgets, ou résultant d'autorisations spéciales.

Compte administratif que présente au Conseil de Fabrique de l'église... (ou de la chapelle paroissiale de... M... Président du Bureau... Ordonnateur, pour l'exercice (1894).

Supprimant ici la série unique des *n°s d'ordre*, la formule officielle donne *sept* colonnes pour les recettes, *huit* pour les dépenses.

### Recettes (en 1894.)

35. 1re colonne : N°s du Budget *primitif* portant des prévisions (pour 1894).

2e colonne : Désignation des articles : — Chap. 1er, Budget ordinaire ; Chap. 2e, Budget extraordinaire. — Chap. 3e. Recettes supplémentaires (la 1re colonne [reste en blanc) : § 1er Boni de (1893). — Budget ordinaire : § 2e. Restes à recouvrer de... (1893) ; — § 3e. Recettes non prévues au Budget primitif (1894) *énumérer*. — Totaux des § 2e et 3e. — Budget extraordinaire : § 4e. Restes à recouvrer de... (1893) ; — § 5e. Recettes non prévues au Budget (1894), *énumérer*. — Totaux du § 4e et 5e. — Autorisations spéciales : § 6e.

Recettes du Budget ordinaire (énumérer). — § 6e. Recettes du Budget extraordinaire. Total du chap. 3e.

3e et 4e colonnes : Sommes à recouvrer. La colonne 3e donne des prévisions ; la 4e, les droits réellement acquis, d'après les titres et actes justificatifs.

5e colonne : Recettes effectuées (pour 1894) ; — 6e : Restes à recouvrer.

7e colonne : Observations.

Récapitulation : Budget ordinaire, extraordinaire, supplémentaire. Totaux des Recettes.

### Dépenses (en 1894).

36. La 1re et la 2e colonne se disposent comme pour les recettes.

3e colonne : Crédits ouverts par Budgets ou autorisations spéciales.

4e     »     : Droits (passifs) constatés au 31 décembre (1894).

5e     »     : Payements effectués jusqu'au 15 mars (1895).

6e     »     : Restes à payer à reporter à l'exercice (suivant, 1895).

7e     »     : Crédits annulés faute d'emploi.

8e     »     : Observations.

Récapitulation... Totaux...

*Nota.* La colonne 5e, soustraite de la colonne 4e, donne la colonne 6e ; la colonne 4e, soustraite de la colonne 3e, donne la colonne 7e.

La colonne 4e doit comprendre les dettes reconnues et liquidées, qu'il y ait eu ou non mandatement.

Pour le résultat du compte, la formule se comprend facilement.

### ART. 2e. COMPTE DE GESTION (POUR 1894).

37. Le compte de *gestion*, ou du comptable, comprend : 1° Les opérations *budgétaires*, en rapport d'*identité* avec le compte *administratif* ; 2° les opérations *hors budget*, se rapportant surtout aux *oblations tarifées*, n° 12 du Budget primitif ordinaire *. La part de la Fabrique figure au compte *budgétaire*.

La part *hors budget* est ce qui revient aux curé, ministres et serviteurs ; son compte doit contrôler l'application des tarifs approuvés.

### § 1er. Compte (budgétaire) de gestion (proprement dite).

38. L'entête du compte étant rempli, suivant le modèle officiel, vient : 1° Situation du comptable au 31 décembre (1893). C'est l'indication sommaire du *reliquat* de (1893), au 31 décembre.

2° Rappel (sommaire) des opérations de (1893) faites du 1er janvier au 15 mars (1894). Recettes, dépenses.

Il n'y a qu'à remplir le modèle.

39. Puis le compte proprement dit se présente en 2 parties marchant de front : 1° Gestion (1894), 12 mois, du 1er janvier au 31

---

* On y ajoute les dépôts de garantie et cautionnements versés pour adjudications et marchés.

décembre, intitulée 2ᵉ partie (de 1894), parce qu'il y avait une 1ʳᵉ partie, du 1ᵉʳ janvier au 15 mars, se rapportant à (1893).

2° Gestion (1895), dite 1ʳᵉ partie, dont les opérations complètent l'exercice clos (1894).

Cette prolongation de gestion, pendant 2 mois et demi, est une facilité donnée au comptable.

Gestion (1894), 2ᵉ partie | Gestion (1895), 1ʳᵉ partie.

C'est de chaque côté, un sommaire à remplir, suivant indication.

40. Vient le détail, en 10 colonnes, soit aux recettes soit aux dépenses. La 1ʳᵉ donne une *série unique* de nᵒˢ d'ordre, depuis la 1ʳᵉ recette, jusqu'à la dernière dépense, et ces nᵒˢ se reproduisent sur les pièces justificatives du compte. La 2ᵉ et la 3ᵉ sont la 1ʳᵉ et la 2ᵉ du compte administratif : elles donnent le chiffre et la désignation des articles. La 10ᵉ est pour les observations, et les autres ont un rôle différent, selon qu'il s'agit de recettes ou de dépenses.

41. Recettes (en 1894), Gestion 2ᵉ partie.

Col. 4ᵉ et 5ᵉ : Sommes à recouvrer. La 4ᵉ donne les prévisions; la 5ᵉ les droits réellement acquis, d'après les titres et actes justificatifs.

Col. 6ᵉ : Recouvrements effectués du 1ᵉʳ janvier au 31 décembre (1894).

Recettes (en 1895), Gestion 1ʳᵉ partie.

Col. 7ᵉ : Recouvrements... du 1ᵉʳ janvier au 15 mars (1895) pour (1894).

Col. 8ᵉ : Total des colonnes 6 et 7.

Col. 9ᵉ : Restes à recouvrer au 15 mars (1895), qui se reporteront à l'exercice ouvert (1895).

42. Dépenses (en 1894), Gestion 2ᵉ partie.

Col. 4ᵉ : Crédits ouverts.

Col. 5ᵉ : Payements effectués du 1ᵉʳ janvier au 31 décembre (1894).

Dépenses (en 1895), Gestion 1ʳᵉ partie.

Col. 6ᵉ : Payements effectués (pour 1894), du 1ᵉʳ janvier au 15 mars (1895).

Col. 7ᵉ : Total des col. 5 et 6.

Col. 8ᵉ : Restes à payer (pour 1894) au 15 mars (1895).

Col. 9ᵉ : Crédits annulés faute d'emploi (pour les rouvrir, il faut un vote nouveau régulier).

### § 2ᵉ. Compte des services hors Budget.

43. La 1ʳᵉ colonne *continue la série unique*; la 2ᵉ donne les nᵒˢ des services, et la 3ᵉ leur désignation. Les observations à la 9ᵉ.

Recettes (en 1894).

Col. 4ᵉ : Restes à recouvrer au 31 décembre (1893).

Col. 5ᵉ : Montant des titres... (des droits acquis en 1894).

Col. 6ᵉ : Total à recouvrer.

Col. 7ᵉ : Recouvrements effectués.

Col. 8ᵉ : Restes à recouvrer au 31 décembre (1894).

Dépenses (en 1894) c'est-à-dire payements faits.

Col. 4ᵉ : payements effectués.

Les col. 5 à 8 comparent recettes et dépenses :

Col. 5ᵉ : Excédent de recettes.

Col. 6ᵉ : Recouvrements effectués (reproduit la col. 7ᵉ des recettes).

Col. 7ᵉ : Total des recettes.

Col. 8ᵉ : Excédents des recettes au 31 décembre (1894).

Le comptable devant fournir d'ailleurs un état détaillé (Voir Modèle nº 2), nous supposons qu'il suffira d'inscrire au compte le total relatif à chaque personne, total du Curé, de chaque vicaire, etc.

### § 3ᵉ. Résumé des comptes

44. Les chiffres relatifs à chaque indication s'inscrivent à la colonne respective du tableau tracé à droite.

I. Situation du comptable au 31 décembre (1894).

Recettes :

Sur l'exercice précédent (1893) suivant rappel (38, 2º).

Sur l'exercice (1894) — c'est le compte de gestion.

Sur les services hors budget.

Dépenses :

Sur l'exercice (1893) — suivant rappel (38, 2º).

Sur l'exercice (1894) compte de gestion.

Sur les services hors budget.

Excédent (en recettes ou dépenses).

D'après la situation au 31 décembre (1893) — (38, 1º)...

Il en résulte que le comptable, au 31 décembre (1894), était débiteur de...

Pour services budgétaires...

›          hors budget...

Il faut voir s'il y a des fonds disponibles à placer *en compte courant.*

L'état de caisse (1894) sera rapporté en tête du compte (1895) — (38, 1º).

II. Résultat final de l'exercice (1894) clos le 15 mars (1895).

45. Recettes du 1ᵉʳ janvier (1895) pour (1894).

Dépenses          id.

A reporter en tête du compte de (1895) — (38, 2º).

Rappel des opérations de (1894) { Recettes...... / Dépenses.....

Totaux de (1894)..............

Excédent { Recettes..... / Dépenses....

Résultat définitif de (1893) { Recettes.... / Dépenses...

Résultat définitif de (1894) égal à celui du compte administratif, donne

excédent { Recettes.....
{ Dépenses....

*Faire attention* et suivre la formule : c'est compliqué, non dif-ficile.

### § 4°. Etat de non valeurs, fonds libres.

#### I. Etat de non valeurs.

46. L'état de *non valeurs*, dressé de concert par *l'Ordonnateur* et le *Comptable*, soumis au Bureau, puis au Conseil, approuvé par l'Evêque, est produit devant le juge du compte. Il est justifié par la *caducité* des créances ou par *l'insolvabilité* des débiteurs. Le juge des comptes donne décharge, et la réduction de recettes qui en résulte sera mentionné au compte suivant.

Cet état peut se présenter en un tableau (Modèle n° 3).

#### II. Fonds libres.

47. « Les fonds libres des fabriques (*atteignant au moins cent francs*) sont versés en compte courant au trésor, et productifs d'in-térêts, » *s'ils ne proviennent pas d'emprunts.* Fonds *d'éconoïie* ou de *souscription*, ils attendent emploi prochain.

Le Receveur des finances les reçoit contre *récépissé à talon.*

L'Evêque donne *mandat* pour les retirer, sur demande de l'Ordon-nateur.

## CHAPITRE VI

## Pièces justificatives à fournir par le comptable.

48.      RECETTES :

### I. Opérations budgétaires

1°. *Immeubles affermés :* Copie ou extrait des baux *nouveaux* ou *renouvelés.*

2°. *Rentes sur particuliers :* Copie ou extrait de titres *nouveaux.*

3°.  »  *sur l'Etat :* Certificat P. B. * donnant date et mon-tant des inscriptions *nouvelles.*

A l'appui de ces 3 n°s, état des propriétés, créances... (Modèle n° 4).

4°. *Local, bancs et chaises :* En ferme, copie procès-verbal d'adjudi-cation, extrait cahier des charges. — *En régie,* état certifié **P. B.** des produits. — *Annuelle,* copie délibération P. C. et montant des locations.

5°. *Concession de bancs ou places :* Copie de l'acte P. B.

6°. *Quêtes :* En tronc, procès-verbal de levée, B. — Autrement, état de chaque quête signé par quêteur, attesté P. B.

7°. *Troncs :* Procès-verbal de levée B.

* P. B. signifie Président du Bureau ; P. C., Président du Conseil ; B., Bureau entier.

8°. *Oblations volontaires* : Etats certifiés P. B.

9°. *Casuel, part fabricienne* : Etats pour Curé, arrêtés P. B. (Modèle n° 2) et *tarif*.

10°... *Pompes funèbres* : *Syndicat*, décompte disant part fabricienne, P. B. Autrement, état des produits, P. B.

11°. *Cire* : Etat des quantités et valeur en argent, P. B.

12°. *Fonds au Trésor* : Copie du décompte annuel d'intérêts, P. B.

13°. *Vente objets mobiliers* : Pour *objets d'art*, décret. — Sinon, délibération approuvée, P. C. Toujours procès-verbal d'adjudication, ou certificat P. B. des conditions de vente.

14°. *Vente d'immeubles* : Ampliation du décret, copie de l'acte, P. B.

15°. *Vente de rentes* : Ampliation du décret, bordereau d'agent de change.

16°. *Legs et donations* : Ampliation du décret ou arrêté ; actes faisant droit.

17°. *Remboursement de capitaux* : Ampliation du décret ou arrêté.

18°. *Subvention-communale* : Copie déliberation, ou acte inscrivant d'office.

## 2. Services hors Budget

19°. *Part clergé et serviteurs* : Références plus haut, n° 9.

20°. *Dépôts et cautionnements pour adjudications et marchés* : Relevé certifié P. B.

### Dépenses

## I. Opérations Budgétaires

49. 1°. *Objets de consommation ; frais d'entretien ou achat de mobilier* : Quittance explicative de fournisseur (t. 0 fr. 10). — Facture ou mémoire (T), * s'il y a lieu. — Copie ou extrait du procès-verbal d'adjudication ou marché P. B., s'il y a lieu.

2°. *Traitements, indemnités ou gratifications* : Quittance sur mandat, ou état émargé (modèle n° 5), disant la quotité annuelle, trimestrielle ou mensuelle.

3°. *Entretien immeubles* : Soumission d'entrepreneur (T) acceptée B. — Certificat de réception des travaux (T). — En régie, mémoire (T) ou quittance explicative.

4°. *Loyer du Presbytère* : Copie certifiée du bail enregistré, et quittance.

5°. *Charges de fondations* : Etat émargé, ou certificat d'exécution par P. B.

6°. *Charges des biens* : Bordereau et quittance du Percepteur ; quittance d'assurance.

7°. *Rentes viagères* : Certificat de vie du rentier (T).

* C'est-à-dire sur papier timbré.

8°. *Traitement du comptable :* Décompte certifié P. B. (ou Receveur des finances pour Percepteur).

9°. *Sixième (ou moins)*... : Décompte approuvé P. B. Quittance Caisse de secours.

10°. *Annuités d'emprunts :* Quittances, ou états émargés.

11°. *Placement sur l'Etat :* Copie décret ou arrêté. Bordereau d'agent de change.

12°. *Grosses réparations et constructions : 1er acompte :* Décision approbative des travaux ; procès-verbaux d'adjudication ; justification, s'il y a lieu, de cautionnement ; certificat, visé P. B., constatant avancement des travaux et la somme à payer (T) ; extrait cahier des charges, disant cautionnements et conditions de payement.

*Acomptes suivants :* Certificat visé P. B., disant acomptes précéd. et somme à payer (T).

*Solde :* Expédition procès-verbal d'adjudication (T) ; décompte général et procès-verbal de réception définitive (T) ; cahier des charges et devis ou série de prix (T). Pour adjudication *à prix ferme :* Procès-verbal de réception seulement (T). Décompte de la dépense, si les payements sont à plusieurs annuités.

*Absence d'adjudication :* Autorisation préfectorale ; marchés de gré à gré ; mémoires réglés et visés T), ou quittances explicatives (t. 0 fr. 10).

## 2. Services hors Budget

13°. *Part clergé et serviteurs :* Quittances ou états émargés.

14°. *Remboursement* des dépôts de garantie pour adjudications et marchés : Certificat du Président d'adjudication déclarant que les déposants n'ont pas été adjudicataires ; décharge au verso de la quittance à souche de versement. — *Emploi réel en cautionnement :* Déclaration du préposé de la Caisse des dépôts et consignations.

50. *Nota.* 1° Les héritiers de créancier décédé font valoir leur droit ; 2° Pas de restrictions ou réserves sur les quittances ; 3° Les justifications de dépenses donnent la *date précise* d'exécution ou fourniture ; 4° Pas de *griffes* pour signatures : le créancier de 150 francs ou moins, qui ne peut signer, s'accompagne de deux témoins ; pour plus, *quittance devant notaire* ; 5° Toute rature ou surcharge doit être approuvée par signature.

## CHAPITRE VII

### Ecritures, Timbre

#### § 1er. Ecritures.

51. *Le Conseil* a ses délibérations et procès-verbaux (en son registre) : il y a *formule officielle* (modèle n° 1) pour le règlement des comptes en *fin de gestion* (régulière, ou accidentelle (?), décès, démission du comptable).

Copie certifiée P. C. est délivrée, quand l'autorité demande . Règlement des comptes ; Etat de non valeurs ; Acceptations pour dons, legs, fondations, etc. *Copie à l'Evêque de la délibération approuvant les comptes.*

Le Président certifie, pour comptable nouveau, la prestation du serment et la réalisation du cautionnement, s'il y a lieu.

En cas *d'intérim,* ou le conseil rattache les opérations à la gestion du titulaire soit ancien, soit nouveau, ou le P. B. nomme intérimaire responsable.

52. *Le Bureau* (sauf si le percepteur est comptable) dresse procès-verbal :

1° *De la situation de caisse,* du moins au 31 décembre ; 2° *De la levée des troncs.* — Les *Secrétaires* ne sont pas inoccupés.

Le *Président ordonnateur,* qui certifie souvent et présente le compte *administratif,* tient, *par art. de Budget,* 1° livre *d'enregistrement des droits des créanciers* (Modèle n° 6) ; 2° livre *de Mandats* (Modèle n° 7).

53. *Le Curé* dresse *Etat des dépenses intérieures.* — Le *Régisseur des recettes* (16) : 1° *Quêtes,* remet au comptable, chaque mois, argent et états, signés des quêteurs et certifiés P. B. ; 2° *Casuel,* tient registre à souche (Modèle n° 12), en détache quittance *aux payants* (t. 0 fr. 10 à leur charge), et remet au comptable, chaque mois, *part fabricienne* et quittance (émargement) *des payés.*

54. Le *Trésorier non comptable* (30 décembre 1809, 35) tient *Registre des commandes.* Le sacristain ou personne autorisée certifie l'exactitude de la livraison (Modèle n° 8).

*Régisseur des dépenses,* il reçoit du P. B. : 1° *un mandat d'avance permanente,* sans indication de crédit ou d'exercice, qu'il remet *quittancé,* contre argent, au comptable ; 2° Chaque mois, p'us souvent si besoin, un *mandat de payement* spécifiant les *menues dépenses faites,* mandat que le comptable encaisse, avec les pièces justificatives à l'appui.

55. Le *Trésorier comptable* (14) dresse *Bordereau trimestriel* (Modèle n° 9) et tient les livres de comptabilité désignés plus loin (56).

Le Conseil peut l'aider par un *régisseur de dépenses,* apte à payer, sur avances et mandats, comme plus haut (54), les prévisions nᵒˢ 1, 2 et 10 du Budget de dépenses. Son avance est *un dixième* des prévisions nᵒˢ 1 et 2, sauf au cas qui suit : « Le Regisseur de dépenses (trésorier ou autre) peut être chargé de payer, sur émargements, les nᵒˢ 3, 4 et 6 (Instruct. min. 15 décembre 1893, 25). »

56. Le *Receveur spécial* a pour livres : 1° *Journal à souche* d'enregistrement de recettes et délivrance de quittances (Modèle n° 12) ; 2° *Journal de Caisse* pour *total* quotidien des recettes et *détail* suivi des dépenses (Modèle n° 10) ; 3° *Livre de détail,* où les recettes et les dépenses s'inscrivent par exercice et par article de Budget (Modèle n° 11).

**57**. Le comptable présente au Juge, *avant le 1er juillet*, son compte de gestion, portant *approbation* du Conseil de Fabrique, et appuyé des justifications (chap. 6) qu'il comporte. — Et de plus, *dans un Bordereau récapitulatif* : 1° Expédition, certifiée P. C., des Budgets et autorisations spéciales ; 2° Copie, certifiée P. B., du compte administratif ; 3° Etat, certifié P. B., des propriétés, créances, rentes ; 4° Procès-verbal de la situation de caisse au 31 décembre ; 5° *Pour comptable nouveau*, le ou les certificats indiqués plus haut (51). — — Ainsi le compte est *en état d'examen*.

**58**. *A noter*. Il faut *quatre expéditions* (pour Fabrique, Evêque, Mairie, Juge des comptes) : 1° Des Budgets et autorisations spéciales ; 2° Du compte administratif ; 3° Du compte de gestion. L'Evêché, sans doute, procurera les cadres : *cinq de chaque modèle* ne seraient pas trop.

Il paraît désirable que l'Evêché fournisse *quatre exemplaires officiels* de la délibération approuvant les comptes.

Il ne manquera pas toutefois de libraires offrant tous les modèles.

### § 2e. Timbre

**59**. Il y a timbre de *dimension* (papier timbré) et timbre *de quittance*. Le 1er, *sauf des cas exceptionnels*, ne s'impose pas aux fabriques.

Nos registres « sont sur papier *non timbré* (1809, 81), » et « cette exemption a reçu tout le développement possible. Les justifications de titres à l'appui des comptes peuvent *toujours* être suppléées par copies ou extraits sur *papier libre*, et les mémoires par des *quittances explicatives* au timbre de 0 fr. 10. — Même timbre pour les quittances délivrées par les *régisseurs de recettes* (53). — Les quittances délivrées par les comptables (livre à souche) portent timbre de 0 fr. 25, *à la charge des débiteurs* (15 décembre 1893, circul. minist). » — Celles qu'ils reçoivent du curé (pour fondations) et de tous (pour traitement ou services) sont par *Etats émargés* (0 fr. 10).

**60**. Une quittance ne passant pas *dix francs* est exempte de timbre, c'est la règle ; mais il faut ajouter : A moins qu'elle ne soit une *quittance d'acompte*, ou de *solde après acompte*.

------

Nous ne parlons pas des églises métropolitaines ou cathédrales, dont la comptabilité relève *toujours* de la Cour des Comptes.

# MODÈLES

61. Le Ministre écrit aux Évêques : « Les divers modèles... sont uniquement destinés à faciliter la tâche... Toute latitude est laissée aux Fabriques, *sous votre autorité*, au sujet du format et de la disposition matérielle des registres et imprimés. »

Nous ne supposons pas de modifications pour les formules de Budgets (modèles 1 et 2) et de comptes (9 et 10), et nous renouvelons l'espoir que la chancellerie épiscopale, outre les formules 1, 2, 9, 10, donnera le modèle de délibération du Conseil (n° 11) pour le règlement des comptes. Nous esquissons toutefois cette formule :

62.  N° 1

Diocèse  Département
d  d

Fabrique  **Délibération**  Commune
d  du  d

Conseil de Fabrique

pour le règlement des recettes et dépenses pour l'exercice 1894

L'an de grâce..., le..., le Conseil de Fabrique s'est réuni au lieu ordinaire de ses séances. — Étaient présents...

Ouï le rapport de M. le Président du Bureau des marguilliers ; — vu les lois, décrets, ordonnances et instructions sur la comptabilité des Fabriques ;

Vu le Budget de l'exercice (1894) et les autorisations supplémentaires s'y rattachant, les titres définitifs des créances à recouvrer, — le détail des dépenses effectuées et des mandats délivrés par l'ordonnateur, — le compte administratif de l'exercice (1894) et le compte de gestion du comptable ; — procédant au règlement définitif du Budget de (1894), propose de fixer comme suit recettes et dépenses dudit exercice :

Les recettes ordinaires et extraordinaires, évaluées par le budget à (1.803 fr. 60), devaient s'élever, d'après les titres définitifs, à . . . . . . . . . . . . . . . . . . . . . . . . . . . . 1.780.95

D'où il faut déduire :

Pour non valeurs justifiées au compte de gestion . . . . . . . . . . . . . . . . . . . . . . . . . 43.10

Pour restes à recouvrer qui feront recette au compte prochain . . . . . . . . . . . . . . . . 65.90

Soit . . . . . 109.00  109

C'est pourquoi la recette de (1894) se fixe définitivement à . . . . . . . . . . . . . . . . . . 1.674.95

63.  Dépenses.

Les dépenses prévues au Budget de (1894) étaient de . . . . . . . . . . . . . . . . . . . . . 1.703.60

Les dépenses supplémentaires votées au cours de l'exercice de . . . . . . . . . . . . . .    155.55

        Total des dépenses prévues . . . .    1.859.15

Il faut déduire :

1° Crédits ou portions de crédits restés sans emploi . . . . . . . . . . . . . . . . . .    147.20

2° Dépenses faites non ordonnancées avant le 1er mars (1895) . . . . . . . . . . . . . . .    40

3° Dépenses ordonnancées, non payées avant le 15 mars (1895) et à reporter au Budget de (1895). . . . . . . . . . . . . . . . . . . .    37.75

                    224 95      224.95

Ainsi les dépenses de l'exercice (1894) sont de    1.634.20

Les recettes étant de . . . . . . . . . . . . .    1.671.95
Les dépenses de . . . . . . . . . . . . . . . .    1.634.20

L'excédant de { Recettes . . . . . . . . . . } est de . . . . .    37.75
           { Dépenses . . . . . . . . . . }

Le résultat définitif de l'exercice précédent (1893) étant un boni de . . . . . . . . . . . .    24.15

    »      »    (1894) est un boni de    61.90

Laquelle somme sera portée au chapitre additionnel de l'exercice (1895).

Les opérations de l'exercice (1894) sont déclarées définitivement closes, et les crédits annulés.

Délibéré à.... les jour,...

Et ont signé au registre tous les membres (présents).

               Pour ampliation :

          *Le Président du Conseil de Fabrique*

Vu et approuvé.

*L'Evêque...*

64.

N° 2

**Etat** (détaillé) des sommes encaissées pour les services religieux du.... au.... et répartition entre les intéressés.

| DATE | DÉSIGNATION DES SERVICES | Classes | M. le Curé | M. l'abbé N. assistant | M. l'abbé X. diacre | M. l'abbé X. seus-diacre | M. chantre | M. sacristain | M. sonneur | M. organiste | Enfants de chœur | | | Total | Part fabricienne | Total perçu |
|---|---|---|---|---|---|---|---|---|---|---|---|---|---|---|---|---|
| | Total...... | | | | | | | | | | | | | | | |

Arrêté le présent Etat à la sòmme de

dont, pour la fabrique...

pour le clergé ét serviteurs...

L'Ordonnateur,

Nota : 1o Cet Etat est dressé par le Curé (d'après la nomenclature) : cela se comprend s'il est régisseur des recettes. Il est arrêté par l'Ordonnateur.

2o Evidemment, le nombre des colonnes varie selon les paroisses.

65.                    Nº 3.

## État de non valeurs

Dressé par Ordonnateur et Comptable, soumis au Bureau puis au Conseil et approuvé par l'Évêque. Cet état est utile ; les instructions nouvelles n'en parlent pas.

| Art. du Budget | DÉSIGNATION des PRODUITS | NOMS des DÉBITEURS | SOMMES | | MOTIFS de DÉCHARGE | PROPOSITIONS DU CONSEIL suivant délibération en date du... |
|---|---|---|---|---|---|---|
| | | | prévues | non recouvrées | | |
| | | | | | | |

66.                    Nº 4.

        Diocèse                              Département
        d               Éxercice (1894)       d

        M.....       Comptable.

**Etat** des propriétés foncières, rentes et créances mobilières comprises dans l'actif de la fabrique, des prix de baux et arrérages de rentes à percevoir. Comparaison de ces produits avec ceux de l'exercice précédent.

Cet état comprend 3 tableaux différents : 1º Propriétés foncières ; 2º Rentes sur particuliers et créances diverses ; 3º Rentes sur l'Etat. Dans chacun, il y a deux parties se faisant face : l'une pour l'exercice en compte, l'autre pour la comparaison avec l'exercice précédent.

Partout, la 1ʳᵉ colonne est pour *la série unique des nᵒˢ d'ordre* ; la 2ᵉ donne les nᵒˢ des art. du compte de gestion. Les produits doivent être totalisés par *art. du compte*.

67. 1ᵉʳ tableau : Propriétés foncières, 17 colonnes.

Col. 3ᵉ : Nature des immeubles. Donner d'abord ceux qui sont productifs de revenus, ensuite les autres.

Col. 4ᵉ : Contenance ; — 5ᵉ : Situation ; — 6ᵉ : Nature et date des titres de propriété ; — 7ᵉ : Valeur approximative ; — 8ᵉ : Emploi et usage ; — 9ᵉ : Noms des fermiers et locataires ; — 10ᵉ : Dates des baux ; — 11ᵉ : Durée des baux ; — 12ᵉ : Epoque d'entrée en jouissance ; — 13ᵉ : Echéance des payements ; — 14ᵉ : Prix annuel des baux.

Les col. 15 et 16 sont pour la comparaison : 15ᵉ : Produit des baux pour l'exercice précédent ; — 16ᵉ : Explication des différences. Enfin, la 17ᵉ donne le montant des charges résultant des titres.

68. 2ᵉ tableau : Rentes sur particuliers et créances diverses.

Col. 3ᵉ : Nature des rentes et créances ; — 4ᵉ : Date des constitutions de rentes et des titres de créances ; — 5ᵉ : Noms des débiteurs ; — 6ᵉ : Domicile des débiteurs ; — 7ᵉ : Dates des inscriptions hypothécaires prises pour la conservation des titres ; — 8ᵉ : Montant des rentes et créances ; — 9ᵉ : Montant de chaque capital ; — 10ᵉ Epoque d'échéance des capitaux ; — 11ᵉ : Epoque d'échéance des arrérages ; — 12ᵉ : Montant des intérêts ou arrérages échus en (1894).

Et pour la comparaison, col. 13ᵉ : Montant des intérêts ou arrérages échus pour (1893) ; — 14ᵉ : Explication des différences ; — 15ᵉ : Montant des charges résultant des titres.

69. 3ᵉ tableau : Rentes sur l'Etat.

Col. 3ᵉ : Numéros des inscriptions ; — 4ᵉ : Dates de la jouissance des rentes ; — 5ᵉ : Montant des inscriptions ; — 6ᵉ : Produit pour l'exercice (1894). Le trimestre touché 1ᵉʳ janvier (1894) appartient à cet exercice.

Comparaison : col. 7ᵉ : Produit de l'exercice précédent (1893) ; — 8ᵉ : Observations et explication des différences. On inscrit à cette colonne la date d'achat des nouveaux titres, et le montant des arrérages pour l'exercice (1894), montant qui doit aussi figurer à la col. 6ᵉ. — Col. 9ᵉ : Montant des charges résultant des titres.

Certifié exact :

A........        , le....            (1895).

Le Comptable de la fabrique.

Visé par nous, membres du Bureau.

A.......        , le.......            (1895).

70.                          Nº 5.

Fabrique                                    Exercice (1894).

de                    État d'émargement

(Traitements — Casuel — Fondations).

| Numéros | NOMS | FONCTION | OBJET | MONTANT annuel (1) | SOMME perçue | ÉMARGEMENT |
|---|---|---|---|---|---|---|
| 1. | M. | Curé | | (1) S'il s'agit de traitement ou même de fondation. | | Chacun donne sur timbre de 10 c., s'il y a lieu : Pour acquit, le.. et signe |
| 2. | M. | Vicaire | Traitement | | | |
| 3. | M. | Sacristain | | | | |
| | | | Total... | | | |

Le présent état, montant à la somme de (en toutes lettres), dressé par nous, Président du Bureau, pour être annexé au mandat de payement, Nº

A.....            , le

Signature

71.                    N° 6.

Diocèse            Fabrique            Département

de                    de                    de

Exercice (1894)


## Livre d'enregistrement des droits des créanciers

(Livre où le feuilles sont occupées en nombre voulu par la suite
des art. du budget : une feuille peut servir pour plusieurs art.).

| Art...... du Budget (ordinaire, extraordinaire, supplémentaire ou autorisations epéciales) | | | | | |
|---|---|---|---|---|---|
| N°s d'ordre des droits constatés | Date de la constatation par l'Ordonnateur | NOMS des CRÉANCIERS | Désignation sommaire de l'objet des créances | Montant des liquidations | Numéros des mandats émis |
|  |  |  |  |  |  |

72.                    N 7.

Diocèse                              Département

d                    Fabrique                d

d

Exercice (1894)

### Livre des Mandats délivrés

(Registre où les feuilles sont occupées, en nombre voulu, par la
suite des art. budgétaires ; une même feuille peut servir pour plusieurs art.)

Art... du Budget

(ordinaire, extraordinaire, supplément., art. addition.)

| Numéros des mandats émis | DATE des MANDATS | NOMS des PARTIES PRENANTES | Numéro du droit des créanciers | MONTANT des mandats émis |
|---|---|---|---|---|
| | | | | |

**73.**                    № 7 (Annexe)

Diocèse                                        Fabrique

d            **Mandat de payement**          d

N.                                        Exercice (1894)

Mandat de...fr.     c...

En vertu des crédits ouverts { au Budget Primitif, chap.
                              »      Supplém. S
                              Par autorisation spéciale.

M. le Comptable de la fabrique payera à...     la somme de (en
toutes lettres) pour l'objet de la dépense, et sur la remise des pièces
ci-après désignées.

| OBJET | SOMMES | Pièces à produire au Trésorier |
|-------|--------|--------------------------------|
|       |        |                                |
| Sommes à payer.... |  |                          |

Cette somme figurera en dépenses au  compte de gestion, sur vu
du présent dûment quittancé.

Délivré à. . . ., le. . . .

Signature de l'Ordonnateur.

Pour acquit de la somme ci-dessus énoncée

A......, le...

Signature

74.

**N. 8**

Diocèse                          Fabrique

d          **Registre**          d

des commandes (à souche)

<table>
<tr><td>

**N°**

Fournitures com-
mandées à M.
Le
1°
2°
3°

</td><td>

**COMMANDES**

</td><td>

**N°**

Le Trésorier soussigné autorise M....
à livrer à M..... les fournitures suivan-
tes :

Ces fournitures seront payées, sur le
vu de la présente et d'un mandat de paye-
ment délivré par M. le Président du bu-
rean.

A...., le

Signature du Trésorier.

*Certificat de réception.* Je, soussigné,
certifie avoir reçu les fournitures indi-
quées dans la commande ci-dessus.

A....., le....

</td></tr>
</table>

75.

**N. 9**

**Bordereau** trimestriel (40 décembre 1809, 34).
(n'est prescrit qu'au comptable *fabricien*)

Bordereau de la situation active ou passive, à la fin du trimestre
de l'exercice (1894).

1°. Trimestre précédent. Excédent * . . . . . . . . . . . . .    »   »

2°. Extrait de la Caisse durant le trimestre . . . . . . .    »   »

3°. Recettes pendant le trimestre . . . . . . . . . . . . . .    »   »

    Dépense        »       . . . . . . . . .    »   »

4°. Situation : Fonds entre les mains du Trésorier . . . .    »   »

     »    :   »      existant dans la Caisse. . . . . . . .    »   »

                            Total . . . . . . .

Certifié exact, le... 

                   Signature

Le Bureau, vu le Bordereau ci-dessus, réglant à la
somme nécessaire pour le trimestre suivant. . . . . . . .    »   »

Autorise le Trésorier à *prélever* sur les recettes du trim.    »   »

       »          à *extraire* de la Caisse. . . . . . . .    »   »

Mande au Trésorier de *verser* dans la Caisse. . . . . . . .    »   »

     A..., le...

                   Signatures

* Le Trésorier évite le déficit en retardant le payement.

76.                  N° 10

Diocèse                          Département

d                 **Livre**           d

Fabrique           Journal de Caisse

d          (coté et parafé par Président du Bureau).

*Le Comptable,* chaque soir, inscrit *en bloc* le montant des recettes du jour portées au *Journal à souche.* — Il inscrit, *au fur et à mesure,* les dépenses, indiquant, *colonne 3ᵉ,* le nom des *payés,* le n₀ du Mandat, l'Exercice et l'art. ou § budgétaire. — Il totalise chaque page et fait report. — Au 31 décembre, il arrête Recettes et Dépenses, et reportera l'excédent en tête de l'Exercice suivant,

Son arrêté doit concorder avec le Procès-verbal de Caisse dressé par le Bureau.

| DATES | FOLIOS du livre de détail | DÉSIGNATION des OPÉRATIONS | RECETTES | DEPENSES |
|---|---|---|---|---|
|  |  |  |  |  |
|  |  | A reporter...... |  |  |

77.                          N° 11

Diocèse                                    Département

  d              Fabrique              d

                      d

**Livre** de détail des recettes et dépenses.

(Les feuilles occupées, en nombre voulu, par la suite des art. et § budgétaires. A la fin, services hors budget).

*M.... comptable.*

Exercice (1894) — Recettes

| DATES | MONTANT prévu par l'article par le § (l'indiquer) | MONTANT d'après les titres | SOMMES RECOUVRÉES | | TOTAL à la fin de chaque trimestre |
| --- | --- | --- | --- | --- | --- |
| | | | en (1894) | eu (1895) | |
| | | | | | |

78.                        N° 12

Diocèse                                        Département

d                                                d

Fabrique                                        M...

d                                    trésorier (receveur spécial)

à

## Journal à souche des Recettes

Le présent journal, contenant (en t. lettres), feuillets, celui-ci compris, a été (selon le décret de 1809, art. 74) coté et parafé par nous, Président des marguilliers de la Fabrique,                , pour servir au comptable à enregistrer les versements successifs des débiteurs de la Fabrique.

A...        le...

*Le Président du Bureau.*

## Avis

1. D'après le décret du 30 décembre 1809, art. 74, ce journal est nécessaire aux trésoriers-comptables. Le décret du 27 mars 1893, art. 3, le prescrit aux régisseurs des recettes et aux receveurs spéciaux.

2. Enregistrer les recettes au moment du versement ; totaliser le soir avec le rapport des jours précédents.

3. Enregistrer d'abord sur la souche ; remplir la quittance et la remettre signée, sur timbre de 0 fr. 25, s'il y a lieu, *timbre payé par le débiteur*, et qui est seulement de 0 fr. 10, quand la quittance est délivrée par le Régisseur des recettes, *pour casuel.*

4. Les duplicata de quittances réclamées seront sur papier libre, mais avec même timbre.

5. Le comptable de plusieurs Fabriques n'a qu'un seul journal : il inscrit le nom de la Fabrique à la 1re colonne du talon.

Le modèle officiel donne un talon de 6 colonnes : 3 sur le verso ; 3 sur le recto. — Verso : 1re colonne, numéros des quittances ; 2e dates, et noms des payants ; 3e art. du Budget. — Recto : 1re colonne ; exercice ; 2e, désignation des produits ; 3e sommes perçues. — Séparation verticale pour coupure et quittance, dont le modèle suit :

| SOUCHE | | | | | | | QUITTANCE |

**REVENUS DES FABRIQUES**

<table>
<tr><td colspan="2">Colonnes du verso</td><td colspan="3">Colonnes du recto</td></tr>
<tr><td>Numéros<br>de quittance</td><td>DATE<br>ET NOMS</td><td>Article<br>du Budget</td><td>Exercice</td><td>DÉSIGNATION<br>des<br>produits</td><td>SOMMES<br>PERÇUES</td></tr>
</table>

No

Article
du Budget

Du......     (1894)

Reçu de M.

Dont quittance

Le comptable de la Fabrique

(Timbre)

Total........

Fabrique
d

# TABLE DES CHAPITRES



† C. CS. C.